Caligrafía

Este libro pertenece a:

Dedicación

A las mentes curiosas y manos ansiosas de los jóvenes estudiantes, que este libro encienda su pasión por la belleza y el arte de la escritura en cursiva. Que sus manos sean firmes, sus corazones estén abiertos y su escritura sea audaz y expresiva.

Este libro está dedicado a todos los niños que desean dominar la atemporal habilidad de la escritura en cursiva.

¡Disfruta del viaje!

Introducción

Estamos muy contentos de que hayas elegido este libro para enseñar a tu hijo a escribir en cursiva y al mismo tiempo ayudarle a desarrollar su autoestima.

El libro comienza con un juego divertido, seguido por la práctica de las vocales, el abecedario y las sílabas. Después de practicar el abecedario en mayúscula y minúscula, procederán a practicar la escritura de oraciones con afirmaciones positivas que les ayudarán a trabajar en su autoestima.

Al final, encontrarán hojas para practicar la escritura de manera libre. Esperamos que disfruten el libro.

¡Empecemos!

ROLL THE DICE

Tira el dado. Traza la letra que quedan encima del número que corresponde al dado. Hazlo hasta completar todas las letras en mayúsculas.

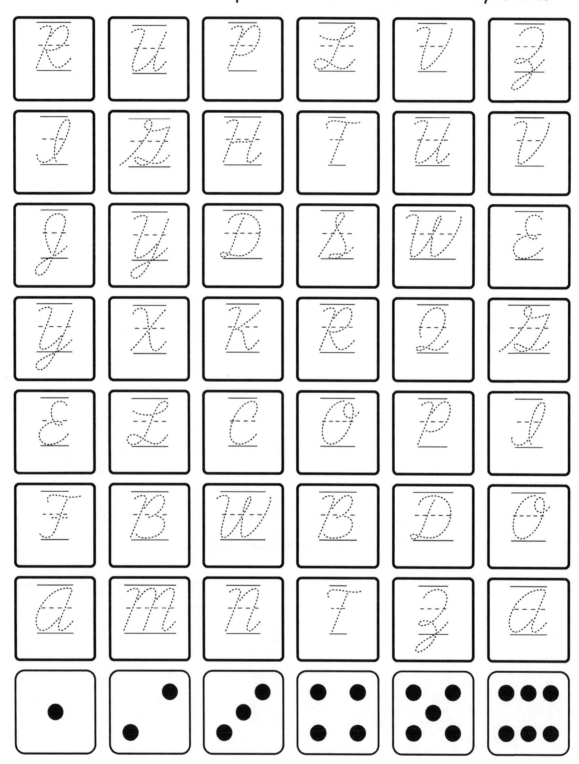

ROLL THE DICE

Tira el dado. Traza la letra que quedan encima del número que corresponde al dado. Hazlo hasta completar todas las letras en mayúsculas.

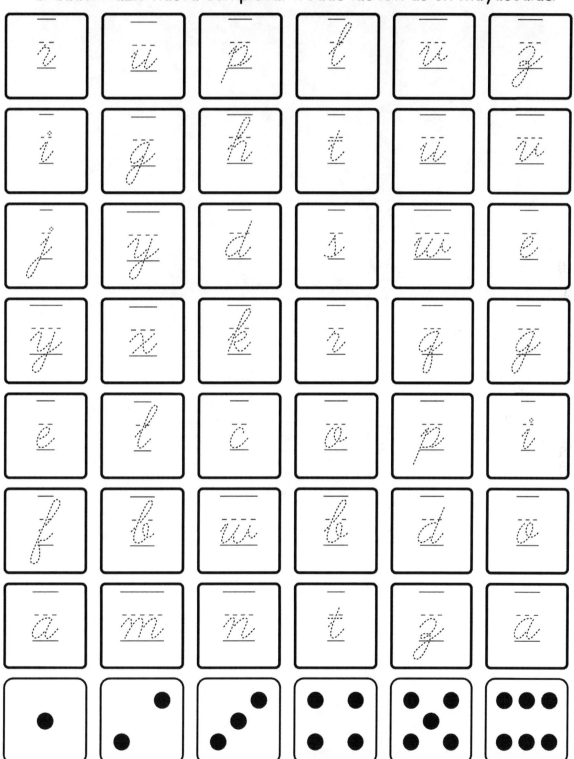

Vocales

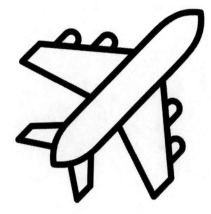

𝒜 𝒶 𝒶 𝒶 𝒶

𝒶 𝒶 𝒶 𝒶

𝒶

𝒶 𝒶 𝒶 𝒶

𝒶 𝒶 𝒶 𝒶

𝒶

𝒶

$\mathscr{E}$ $\mathscr{E}$ $\mathscr{E}$ $\mathscr{E}$ $\mathscr{E}$

         $\mathscr{E}$ $\mathscr{E}$ $\mathscr{E}$ $\mathscr{E}$

$\mathscr{E}$

e e e e e

e e e e e

e

l l l l

l l l l

l

i i i i i

i i i i i

i

𝒰 𝒰 𝒰 𝒰

𝒰 𝒰 𝒰 𝒰

𝒰

𝓊 𝓊 𝓊 𝓊 𝓊

𝒰

𝓊 𝓊 𝓊 𝓊 𝓊

𝓊

Consonantes

B B B B B

B B B B

B

b b b b

b b b b

b

Bb

ba ba ba ba ba ba ba

be be be be be be be

bi bi bi bi bi bi bi bi

bo bo bo bo bo bo bo

bu bu bu bu bu bu bu

Bebé

Bebé

C c c c c c

c c c c

c

C c c c c c

c c c c c

c

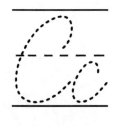

ca ca ca ca ca ca ca ca ca

ce ce ce ce ce ce ce ce ce ce

ci ci ci ci ci ci ci ci ci ci ci

co co co co co co co co co co

cu cu cu cu cu cu cu cu cu cu

Cabo   Cabo

D 𝒟 𝒟 𝒟 𝒟

𝒟 𝒟 𝒟 𝒟

𝒟

d d d d d

d d d d

d

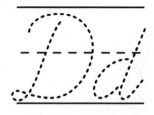

da da da da da da da

de de de de de de de

di di di di di di di di

do do do do do do do

du du du du du du du

Dedo   Dedo

Ff

fa fa fa fa fa fa

fe fe fe fe fe fe

fi fi fi fi fi fi fi

fo fo fo fo fo fo

fu fu fu fu fu fu

Foca Foca

$\mathcal{G}$

$\mathcal{g}$

$\mathcal{G} \mathcal{G} g$

ga ga ga ga ga ga ga

ge ge ge ge ge ge ge ge

gi gi gi gi gi gi gi gi

go go go go go go go

gu gu gu gu gu gu gu

Gafa   Gafa

H H H H

H H H H

H

h h h h

h h h h

h

Hh

ha ha ha ha ha ha ha

he he he he he he he

hi hi hi hi hi hi hi hi

ho ho ho ho ho ho ho

hu hu hu hu hu hu hu

Hada   Hada

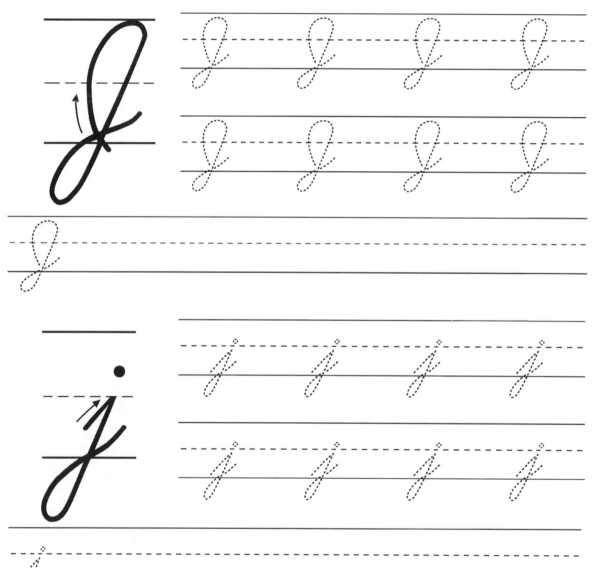

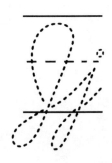

ja ja ja ja ja ja ja ja

je je je je je je je je je

ji ji ji ji ji ji ji ji ji ji

jo jo jo jo jo jo jo jo jo

ju ju ju ju ju ju ju ju ju

Jugo   Jugo

$\mathcal{K}$

$\mathcal{K}$ $\mathcal{K}$ $\mathcal{K}$ $\mathcal{K}$

$\mathcal{K}$ $\mathcal{K}$ $\mathcal{K}$ $\mathcal{K}$

$\mathcal{K}$

k

k k k k

k k k k

k

Kk

ka ka ka ka ka ka ka ka ka

ke ke ke ke ke ke ke ke

ki ki ki ki ki ki ki ki ki

ko ko ko ko ko ko ko ko

ku ku ku ku ku ku ku ku

Kilo   Kilo

$\mathcal{L}$

$\mathcal{L}$ $\mathcal{L}$ $\mathcal{L}$ $\mathcal{L}$

$\mathcal{L}$ $\mathcal{L}$ $\mathcal{L}$ $\mathcal{L}$

$\mathcal{L}$

l

l l l l l

l l l l l

l

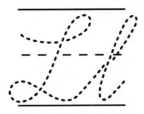

la la la la la la la la la

le le le le le le le le le

li li li li li li li li li

lo lo lo lo lo lo lo lo

lu lu lu lu lu lu lu lu

Lila   Lila

$\mathcal{M}$ m   m   m   m

m   m   m   m

m

m   m   m   m

m m   m   m   m

m

Mm

ma ma ma ma ma ma

me me me me me me

mi mi mi mi mi mi

mo mo mo mo mo mo

mu mu mu mu mu mu

Mamá Mamá

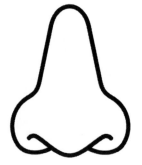

𝓃   n   n   n   n

n   n   n   n

n

m   m   m   m

𝓃   m   m   m   m

m

Nn

na na na na na na na

ne ne ne ne ne ne ne

ni ni ni ni ni ni ni ni

no no no no no no no

nu nu nu nu nu nu nu

Nube   Nube

Pp

pa pa pa pa pa pa pa pa

pe pe pe pe pe pe pe pe

pi pi pi pi pi pi pi pi

po po po po po po po po

pu pu pu pu pu pu pu pu

Papá Papá

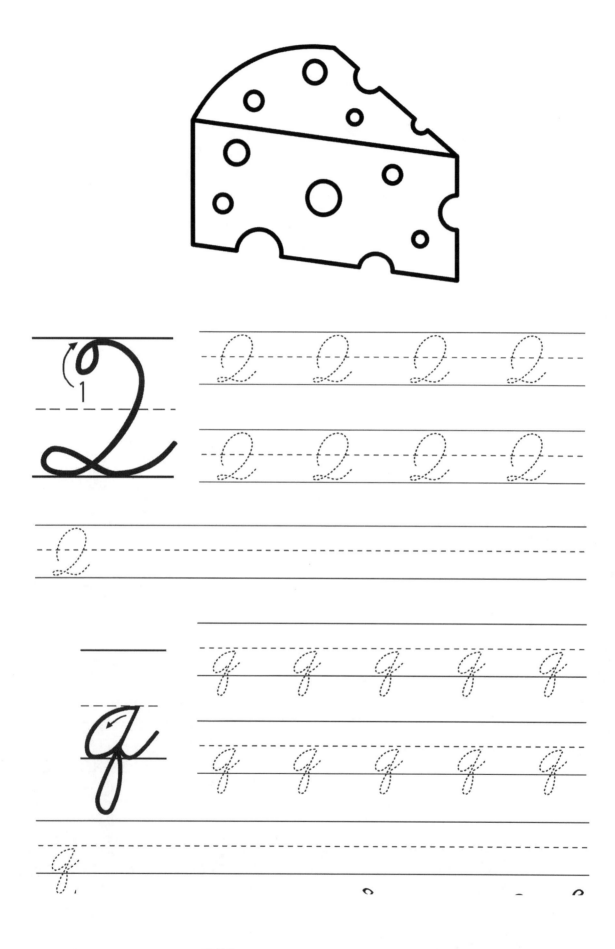

que que que que que que que

qui qui qui qui qui qui qui

Quiero Quiero

R R R R

R R R R

R

n n n n n

n n n n n

n

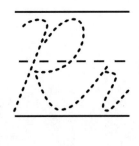

ra ra ra ra ra ra ra

re re re re re re re

ri ri ri ri ri ri ri ri

ro ro ro ro ro ro ro

ru ru ru ru ru ru ru

Ratón   Ratón

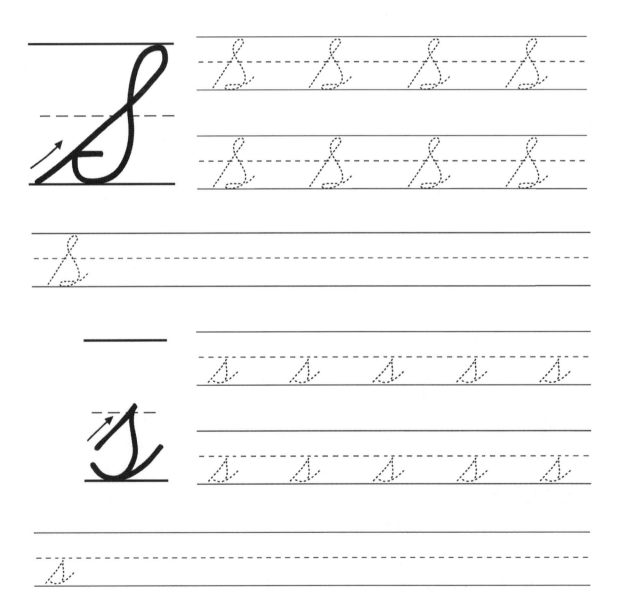

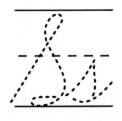

sa sa sa sa sa sa sa sa sa

se se se se se se se se se

si si si si si si si si si

so so so so so so so so so

su su su su su su su su su

Sol   Sol

$\mathcal{T}$

$\mathcal{T}$ $\mathcal{T}$ $\mathcal{T}$ $\mathcal{T}$

$\mathcal{T}$ $\mathcal{T}$ $\mathcal{T}$ $\mathcal{T}$

$\mathcal{T}$

t

t t t t

t t t t

t

Tt

ta ta ta ta ta ta ta

te te te te te te te

ti ti ti ti ti ti ti ti

to to to to to to to

tu tu tu tu tu tu tu

Tomate Tomate

Vu

va va va va va va va

ve ve ve ve ve ve ve

vi vi vi vi vi vi vi vi

vo vo vo vo vo vo vo

vu vu vu vu vu vu vu

Vaca Vaca

𝒰 𝓌 𝓌 𝓌 𝓌
𝓌 𝓌 𝓌 𝓌

𝓌

𝓌𝓌 𝓌𝓌 𝓌𝓌 𝓌𝓌
𝓌 𝓌𝓌 𝓌𝓌 𝓌𝓌 𝓌𝓌

𝓌𝓌

Wu

wa wa wa wa wa

we we we we we

wi wi wi wi wi

wo wo wo wo wo

Wifi   Wifi

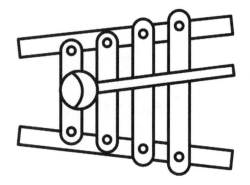

X X X X

X X X X

X

x x x x x

x x x x x

x

Xx

xa xa xa xa xa xa

xe xe xe xe xe xe

xi xi xi xi xi xi xi xi

xo xo xo xo xo xo

xu xu xu xu xu xu

Extraordinario Extraordinario

𝒴   𝒴   𝒴   𝒴   𝒴

    𝒴   𝒴   𝒴   𝒴

𝒴

𝓎   𝓎   𝓎   𝓎   𝓎

   𝓎   𝓎   𝓎   𝓎   𝓎

𝓎

Yy

ya ya ya ya ya ya

ye ye ye ye ye ye

yi yi yi yi yi yi yi yi

yo yo yo yo yo yo

yu yu yu yu yu yu

Yoga   Yoga

𝒵𝓏

za za za za za za za

ze ze ze ze ze ze ze

zi zi zi zi zi zi zi zi

zo zo zo zo zo zo zo

zu zu zu zu zu zu zu

Zorro *Zorro*

Práctica

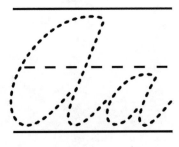

Amor   Amor

Alegre   Alegre

Amigo

Yo soy alegre.

Yo soy alegre.

Yo soy alegre.

Yo soy alegre.

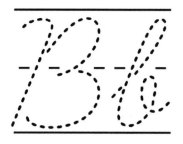

Bondad Bondad

Bueno

Bonito

Yo soy bondadoso.

Yo soy bondadoso.

Yo soy bondadoso.

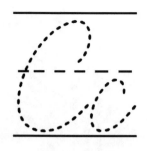

Coraje   Coraje

Casa

Comida

Yo soy creativo.

Yo soy creativo.

Yo soy creativo.

Yo soy creativo.

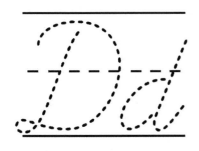

Disciplina Disciplina

Dedo

Dama

Yo soy divertido.

Yo soy divertido.

Yo soy divertido.

Yo soy divertido.

Educado   Educado

Yo soy entusiasta.

Yo soy entusiasta.

Yo soy entusiasta.

Yo

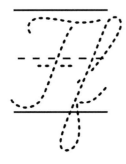

Fuerte

Yo soy fuerte.

Yo soy fuerte.

Yo soy fuerte.

Yo soy fuerte.

Yo soy

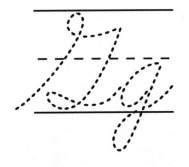

Generoso

Yo soy generoso.

Yo soy generoso.

Yo soy generoso.

Yo soy generoso.

Yo soy

Hh

Honesto

Yo soy honesto.

Yo soy honesto.

Yo soy honesto.

Yo soy honesto.

Yo soy

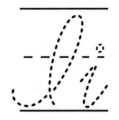

Ii

Inteligente

Yo soy inteligente.

Yo soy inteligente.

Yo soy inteligente.

Yo soy inteligente.

Yo soy

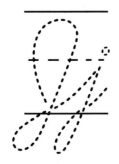

Justo

Yo soy justo.

Yo soy justo.

Yo soy justo.

Yo soy justo.

Yo soy

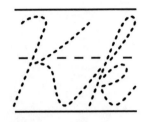

Koinonia

Vivo en koinonia.

Vivo en koinonia.

Vivo en koinonia.

Vivo en koinonia.

Vivo en

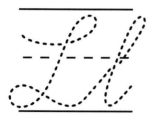

Leal

Yo soy leal.

Yo soy leal.

Yo soy leal.

Yo soy leal.

Yo soy

Mm

Modesto

Yo soy modesto.

Yo soy modesto.

Yo soy modesto.

Yo soy modesto.

Yo soy

Nn   Noble

Yo soy noble.

Yo soy noble.

Yo soy noble.

Yo soy noble.

Yo soy

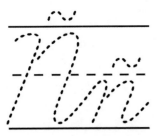

Cariñoso

Yo soy cariñoso.

Yo soy cariñoso.

Yo soy cariñoso.

Yo soy cariñoso.

Yo soy

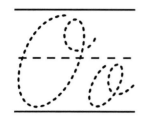

Optimista

Yo soy optimista.

Yo soy optimista.

Yo soy optimista.

Yo soy optimista.

Yo soy

Paciente

Yo soy paciente.

Yo soy paciente.

Yo soy paciente.

Yo soy paciente.

Yo soy

Querer

Me quiero.

Me quiero.

Me quiero.

Me quiero.

Me

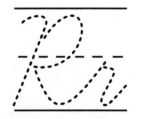

Responsable

Yo soy responsable.

Yo soy responsable.

Yo soy responsable.

Yo soy responsable.

Yo soy

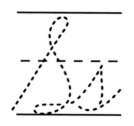

Solidario

Yo soy solidario.

Yo soy solidario.

Yo soy solidario.

Yo soy solidario.

Yo soy

Ternura

Yo soy ternura.

Yo soy ternura.

Yo soy ternura.

Yo soy ternura.

Yo soy

Uu

Único

Yo soy único.

Yo soy único.

Yo soy único.

Yo soy único.

Yo soy

Va

Valiente

Yo soy valiente.

Yo soy valiente.

Yo soy valiente.

Yo soy valiente.

Yo soy

Ww

Wisdom

(Sabio)

Yo soy sabio.

Yo soy sabio.

Yo soy sabio.

Yo soy sabio.

Yo soy

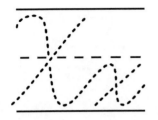

Extraordinario

Yo soy extraordinario.

Yo soy extraordinario.

Yo soy extraordinario.

Yo soy extraordinario.

Yo soy

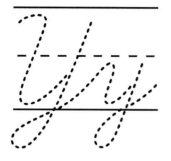

Yo puedo

Yo puedo.

Yo puedo.

Yo puedo.

Yo puedo.

Yo

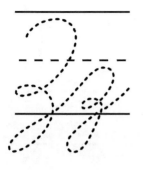

Paz

Vino en paz.

Vino en paz.

Vino en paz.

Vino en paz.

Vivo

Made in the USA
Columbia, SC
11 September 2024

42133538R00061